POR UNA SONRISA MIL LÁGRIMAS

ExLibric

CHAYMAE MECHAAL MECHAAL

POR UNA SONRISA
MIL LÁGRIMAS

EXLIBRIC
ANTEQUERA 2020

CHAYMAE MECHAAL MECHAAL

POR UNA SONRISA
MIL LÁGRIMAS

*A mi familia, a todos mis hermanos:
Sam, Nora, Adel, Said, Hamza, Zainab; a
ti Widad, una hermana más que escogió mi
destino; a mis mejores amigas Nora y Somia; a
los que creyeron en mí como vosotras, Gemma,
M. Angels y Helena; a las que me empujaron
adelante: Siham, Lili, Isa y Sabina; al soldado
Al.lanka, fiel amigo; sobre todo a mi querido
Abdel y a todos los que no puedo nombrar…,
¡dedicado!*

PRÓLOGO

Tengo la gran suerte de presentar esta nueva obra, escrita por no solo una amiga, sino por una gran hermana para mí. Aprecio el gran trabajo que ha hecho y los años que le ha dedicado a esta: se notan los grandes sentimientos, la locura y el gran corazón blanco de esta autora que permitirá a los lectores identificarse con la variedad de temas que hay expuestos en ella, desde vivencias suyas sentidas en propia piel, historias de gente cercana, hasta las vivencias imaginadas del resto del mundo.

Un título que dice poco, pero que expresa mucho, y es que para conseguir una sonrisa hay que llorar mil veces. Agradezco a la autora el haberme dado la oportunidad de compartir con vosotros el aprecio que tengo hacia esta gran obra y desearle la mayor de las suertes en esta carrera.

WIDAD SEBAHI

Índice

MI AMADA BARCELONA

Iluminada de día por su belleza
y de noche no le basta la luna llena:
ella misma se ilumina,
ella misma guía el camino
a todos aquellos corazones ilusionados
que vienen a visitarla.
¡Barcelona! ¡Una ciudad llena de brillo,
de autenticidad! ¡Llena de arte,
llena de historia!
Una de esas ciudad amadas por el mundo entero
y que visitarla es una obligación.

El 17 de agosto de 2017 será una fecha inolvidable
—saltan las lágrimas al recordarlo—,
ese jueves en que Barcelona se encontraba de vacaciones:
turistas del mundo entero la visitaban
y corazones inocentes paseaban tranquilamente
por sus preciosas calles.
Unos paseaban disfrutando del lugar,
otros pensando en sus problemas y
el resto paseaba sin pensar.
La Sagrada Familia, las fuentes de Montjuic,
Plaza de España, Plaza de Cataluña…:
lugares emblemáticos de Barcelona repletos
de personas asombradas por la belleza de esta ciudad.

¡El 17 de agosto de 2017 Barcelona lloraba!
Ni la luna pudo iluminar ni la gente la hizo brillar,
los preciosos edificios no pudieron eclipsar tanta oscuridad,
las obras de arte ya no importaban
y la Sagrada Familia diría que hasta sus paredes se pusieron a rezar.
Un ser innombrable, sin corazón alguno,
un monstruo interrumpe la tranquilidad
en el corazón de Barcelona.
Con aquella furgoneta blanca que seguro nadie podrá olvidar,
arrollaba en plena Rambla a toda persona
que paseaba con total tranquilidad;
como una serpiente atropellaba a todos aquellos corazones
enamorados de la ciudad.
No sé si la seguirán amando algunos desde el cielo;
otros, cuando salgan del hospital.
Cataluña se vio envuelta de terror;
en otras ciudades también se cocinaba algo peor.
Los cuerpos de seguridad actuaron con rapidez e inteligencia,
evitaron una terrible tragedia:
agradecerles a ellos y a aquellas personas
que se quedaron socorriendo a los heridos, ayudando en todo;
agradecer a aquellas personas que
se guiaron por el corazón
e hicieron colas en los hospitales para donar
su sangre a desconocidos.
Toda Barcelona se unió, todos agarrados de la mano:
desde Barcelona hasta Cambrils y desde Cambrils al mundo
entero.

—Tú fuiste la que me trajo a este país:
te debo mucho, demasiado—.

No deben dejar de amarla, vuelvan a visitarla:
Barcelona no es Barcelona sin sus turistas encantados
ni sin esa gente llenando las Ramblas;
no es Barcelona sin aquellas personas que luchan día
y noche para iluminarla.
Sed fuertes, ¡Barcelona os necesita!
¡No en mi nombre!

Desde Palamós, Cheyma Mechaal (Tetuán, 1995)

HUMANOS EGOÍSTAS

Cuerpos desnudos extendidos sobre una arena ardiente,
expuestos a un sol radiante,
buscando quemarse para ponerse morenos;
seres humanos ingenuos, paralelos
al mundo cruel: no observan más allá
si nunca les va a doler.
Pero qué hipócritas somos si nos reímos
y no entendemos a un trabajador negro,
expuesto bajo un sol radiante sin intención
de quemarse ni de cambiar su color;
egoístas seremos si nos vamos a otros países
para vivir mejor y apedreamos a un inmigrante
de otro color que busca lo mismo que nosotros.
Egoístas del mundo cruel: amamos los océanos,
pero somos incapaces de ir a comprar
con la misma bolsa de ayer.
Quizás seamos seres humanos,
pero jamás nos entenderemos
para construir un mundo mejor
ni nos pondremos en la piel del otro
para sentir su dolor.
Quizás seamos seres humanos
o quizás animales hipócritas
con dos piernas que jamás
nos inculcaremos la empatía;
el bien de uno no es el bien de todos.
Somos tan inferiores que ni animales
podríamos llegar a ser.

QUERIDO AMIGO

Amigo del alma, amigo del pueblo,
compañero de clase, compañero de casa,
a ti te escribo estas bonitas palabras
para que sepas lo mucho que te quiero;
pero como un amigo,
como mi segundo hermano.
Acepta mi voto de confianza,
querido compañero;
acepta mi amistad y confiésame tus penas,
comparte conmigo tu sufrimiento
y tus lágrimas;
comparte conmigo tu alegría, tu felicidad
y tu sonrisa de cada día.
Firmado tu querido amigo,
tu querido hermano.

POR UN HILO

Hoy no acepto tu rechazo:
sigo pensando
que en cualquier momento regresarás a mi lado.
Nunca entendí tus besos,
sigo sin entender tus abrazos.
No entiendo por qué me mantuviste insistiendo,
¿por qué no frenaste esto?
¿Por qué me mantuviste colgando en este hilo,
haciéndome daño, rompiéndome en pedazos,
sin querer soltarme y sabiendo que nunca
ibas a estar a mi lado?
Me mantuviste colgando de este hilo tanto tiempo
que mi dignidad y orgullo están rozando el subsuelo.
Aún no entiendo tu rechazo: si un día
sin mi sonrisa se te hace eterno,
¿por qué me mantuviste colgando de este hilo?
Un hilo que quemaba, pero
preferiste verme quemada
que confesar que me amabas.
Sigo colgando de este hilo,
un hilo cada vez más fino;
pero seguiré pendiente de tu orgullo
por si algún día decide dejar de hacerme daño;
seguiré recibiendo todos tus latigazos,
pero si se rompe el hilo…

VERDAD N.º 1

Hoy me dijeron que estuviste
tocando mi puerta,
que tu cuerpo me buscaba;
pero tu corazón pertenecía a otra.

VELERO AMARRADO

Llegaste en un velero
con la intención de dar un paseo:
lo amarraste en el puerto
y pensaste que solo serían
cinco minutos;
caminaste por sus calles
y te sorprendieron.
Creíste haberlo visto todo,
pero después de veinte años
ese velero aún sigue amarrado.
Las calles de este pueblo
aún te siguen sorprendiendo:
nunca acabarás de verlo todo,
nunca dejará de sorprenderte
y cada vez que salgas,
encontrarás un tesoro.

LA DECISIÓN

No sé si he tomado una buena decisión,
pero se acabaron esos gritos que duelen,
esas peleas que nos matan;
se acabaron las noches sin dormir
y ya no habrá llanto sin fin;
pero sigo sin saber si es
la decisión correcta.
¿Por qué me duele no verte?
¿Por qué me duele no tenerte?
¿Por qué me duele tu ausencia?
Puede que no haya tomado
la decisión correcta.

PAPÁ

Buenas noches, señor.
Quiero que sepas,
quiero hacerte recordar,
que hoy será un día más
en el que ya no estará;
cómo hoy me arrebataste
lo que más quería.
A fecha de hoy se fue
y lloré como jamás.
No te juzgo porque a mi lado
ya nunca estará:
te doy las gracias
por haberme dado fuerzas,
por haberme ayudado
y poder ser capaz de superarlo.
Quiero que lo cuides
allá en el bonito cielo;
dile que su hija nunca lo olvidará,
pídele que vuele hasta mí
para su presencia notar.
Recuérdale que su hija
era quien lo cuidaba,
la que noches enteras
en el hospital estaba.
Dile que ya soy grande,
toda una mujer:
grítale que ya no soy

su niña pequeña,
susúrrale que nunca lo seré.
Pero, señor, cuídalo
y no lo dejes llorar;
anímalo y dile que no se preocupe,
que seguiré su ejemplo
para mi sueño lograr.

MI ALZHÉIMER

Sales con el propósito de pasártelo bien;
has salido con la esperanza de regresar.
Una vez fuera, caminas y caminas;
sigues caminando, miras y te paras a pensar;
observas y observas y no reconoces el lugar:
estás completamente perdido y solo,
querer y no poder por tu camino volver.
Pasaste y pasaste por ese lugar mil y una vez;
ahora que eres grande, tu cerebro es pequeño:
no te ayuda a recordar, solo te hace olvidar.
Te has hecho grande y no lo quieres aceptar,
estás enfermo y, aun así, lo intentas ignorar;
te prestamos ayuda y con dolor la rechazas.
Sales solo cada día y solo nunca regresas.
Te resignas a perderlo todo solo con un olvido,
miedo a quedarte solo en la oscuridad.
Tienes miedo a salir y jamás regresar.

EL MISIL DE TODOS

Cuando abres los ojos cada mañana,
sueles pensar en desayunar,
en ir a trabajar, a estudiar, o pensar
lo que harás de comer y de cenar.
Pasas el día normalmente
sin preocupaciones;
luego, te acuestas y razonas
sobre el poco dinero que tienes,
sobre la familia maravillosa que formaste,
los problemas del trabajo o
sobre algún que otro contratiempo.
En cambio, en algunas partes del mundo
no despiertan porque apenas duermen,
tampoco piensan en desayunar
ni en lo que harán de comer o de cenar,
no razonan sobre el dinero que tienen,
pero sí piensan en la familia que pierden.
Su trabajo es proteger a los suyos
de los misiles e intentar esquivar
todas las balas posibles.
Muchos países están en guerra
y a veces no entendemos el porqué:
luchan por razones muy sencillas
que grandes potencias podrían detener.
Pero ¿por qué mover un dedo?
Si el más fuerte es
el que más sangre derrama.

Pero no nos equivoquemos:
al que debemos temer
no es el que lucha contra nosotros,
sino al que está detrás de la cortina,
moviendo al rey y a la reina
como si fuera el mundo
un juego de ajedrez.
Razonemos juntos en nombre
de esas balas que atraviesan corazones.

LUCHA

Nuestro error humano
es no luchar por las cosas
que creemos imposibles de lograr.
A veces pensamos
que no podemos triunfar
y ya ni nos molestamos en luchar.
Pensando con claridad,
todo lo que haya conseguido
un solo ser humano
los demás también lo podemos lograr:
con esfuerzo, paciencia y dedicación,
podemos alcanzar lo que
pensábamos inalcanzable
y hacer de esa meta
un triunfo inolvidable.
¿Y si fracasamos?
Hay veces que debemos caer
para saber cómo
ponernos de pie otra vez;
y nos levantamos
porque mientras la vida siga,
seguirán lloviendo oportunidades.
Por eso, no te rindas
y ve a por esa meta
que creías inalcanzable.

SIN DIRECCIÓN

Te subes a un tren
sin saber su destino final,
no sabes a dónde
vas a ir a parar;
no sabes quién
te va a estar esperando
cuando te bajes
en la desconocida parada final.
Eres como un velero sin rumbo
en medio del mar:
no le temes a nada
ni a nadie.
Mucha gente te observa preguntándose
a dónde irás a parar;
tú solo sonríes:
no tienes ganas de hablar.
Te has subido a un tren sin destino
para olvidarte de pensar
durante ese recorrido.
Suelen decir que todos los caminos
llevan a Roma;
yo digo que todos los caminos
te llevan a casa.

FUERON

Fueron tantas miradas,
miradas que escondían secretos;
fueron tantos besos,
besos que me llevaban al cielo;
fueron tantas caricias,
caricias que recuerdo,
y te odio:
fueron tantas mentiras,
mentiras que desearías no haber dicho.
Fueron tantos momentos,
momentos que hoy se los lleva el viento;
fueron tantos años,
años que quedan en el olvido;
fueron tantos recuerdos
que quedan en tu memoria:
fue tanto tiempo
que hoy se está derrumbando.
Fuiste mis ojos;
hoy eres un ciudadano desconocido.

NUESTRA PLAYA

¿Recuerdas esta preciosa playa?
Hoy quisiera borrar tu sonrisa,
tu peculiar caminar, tu cuerpo imperfecto.
Quisiera pensar que ya no existes
y olvidar lo mucho que te quise.

¿Recuerdas esta preciosa playa?
Considerada una playa virgen,
pero con historias, historias de amor
sobre su arena ni gruesa ni fina.

¿Recuerdas esta preciosa playa?
Rodeada de montañas verdes
que con su aroma y el del agua salada
te trasladan al paraíso nunca visto.
Sobre esta arena descansaban
nuestros pasos, pasos que con el tiempo
las olas fueron borrando.

¿Recuerdas esta preciosa playa?
Aquí fue nuestro primer beso,
aquí asustábamos pájaros con nuestros gritos,
aquí arriba nuestras promesas eternas.

¿Recuerdas esta preciosa playa?
Hoy es el frío el que besa mi cuerpo,
hoy el viento reclama nuestros gritos
y hoy lo único eterno es el mar.

¿QUÉ DERECHO?

¿Qué derecho te di
para hacerme sufrir
si lo único que hice
fue apoyarte y hacerte feliz?
¿Qué derecho te di
para hacerme llorar
si fui la única que te creyó
cuando nadie lo pensaba?

¿Qué derecho te di
para hacerme sufrir
si te ayude a escalar
muralla tras muralla?
¿Qué derecho te di
para hacerme llorar
si tan solo al verme
tu sonrisa se iluminaba?

¿Qué derecho te di
para hacerme sufrir
si el único pecado
fue enamorarme de ti?
¿Qué derecho te di
como niña enamorada?
¿Qué derecho te di
como ingenua ilusionada?

INFINITO DOLOR

No siento el mismo dolor que vosotros
ni me lo puedo llegar a imaginar,
pero con tan solo ver a vuestros hijos sangrar
mis lágrimas acompañan vuestro pesar.
No sé si podréis seguir caminando
y seguir luchando por vuestra libertad;
tampoco sé si a vuestros hijos querréis vengar.
No siento el mismo dolor que vosotros,
pero nuestros corazones se alteran
al veros llorar, al veros morir
o vuestros hijos enterrar.
Desde muchos rincones del mundo,
lloramos vuestra falta de libertad:
puede que acabe esta guerra
o que dure para siempre jamás.
No perdáis la esperanza
y levantad las manos por vuestra libertad.
Seguiremos llorando por vosotros
mientras dure esta maldad.

PERDÓNAME, PRINCESA

Perdóname, princesa,
si veo un río caudaloso en tus ojos
que está a punto de desbordarse
en un llanto sin fin;
perdóname
si esas lágrimas saladas recorren desordenadas
por tus mejillas sonrojadas y nadie puede pararlas
porque soy yo el causante de ellas.

Perdóname, princesa,
si me encuentro a miles de kilómetros;
perdóname
si tu cuerpo aumenta de temperatura
y sientes un calor inmenso, agobiante,
pero a la vez escalofriante,
y no estoy ahí para abrazarte.

Perdóname, princesa,
si nadie puede ayudarte
ni incluso yo puedo animarte;
perdóname
si te encuentras sola,
ahogada en tus propias *Lágrimas desordenadas*
y no consigues salir de allí.

Perdóname,
mi linda princesa, si tus ojos se irritan

y tu linda mirada no brilla;
se me parte el corazón por cada lágrima tuya.
Perdóname,
si no entiendo qué hago aún aquí
si mi felicidad está junto a ti.

Perdóname, mi princesa,
por hacerte sufrir:
prometo que pronto despertarás junto a mí.
No llores,
¡Me duele el alma al verte así!

PELIGRO ESCOLAR

En el pasillo de la escuela
o en la puerta,
en la hora del recreo,
y a todas horas;
a cada hora con una total presión
llora y llora
y no encuentra solución:
todos los días una gran humillación.
La gente observa con ignorancia:
pasan y pasan
sin prestar atención.
Nadie la ayuda, un animal sin protección:
llora, sufre y grita con indignación.
Busca y busca
y finalmente la encontró:
encontró una única y errónea solución.
El día siguiente nadie la humillo:
la buscaban con desesperación
y finalmente la encontraron
muerta en su habitación.

LOS PÁJAROS DE LA MUERTE

Sentada sobre la hierba verde de la primavera,
apoyada en un árbol cuyas hojas se las lleva el viento,
como el viento se lleva mi pelo suelto en invierno,
oigo cómo cantan los pájaros sobre la rama más alta;
se nota que son felices: uno vuela detrás del otro.
Se respira un aire puro, oxígeno limpio,
lo contrario del pueblo; aquí arriba
sopla un viento refrescante; no hace frío,
pero está empezando.
Hay un atardecer precioso, iluminante,
la primera vez en mi vida que la veo de tan arriba.
Los pájaros han dejado de cantar:
no se oye nada, un silencio profundo;
hay una tranquilidad inmensa, perfecta.

Estoy sola en medio de la nada.

Ya oscureció: la luna ilumina mi cuerpo y
se puede ver perfectamente de dónde estoy sangrando.
Las luces del pueblo de abajo se encendieron hace un rato
y a estas horas creo yo que me deben de estar buscando.
Este precioso lugar mañana será un funeral:
ensuciaran la hierba tan bonita que hay,
contaminarán el limpio aire que se respira,
romperán la inmensa tranquilidad de los pájaros
y mañana no cantarán, llorarán.

EL PODER DEL FUEGO

Notaba un calor inmenso en mi cuerpo;
pensaba que estaba soñando,
pero cuando abrí los ojos
mis presentimientos eran ciertos:
mi casa se estaba quemando
y yo me encontraba dentro.
Gritaba y gritaba y nadie me escuchaba;
quise moverme, pero no podía:
estaba totalmente paralizada.
No podía hacer nada, solo gritaba,
suplicaba que fuera una pesadilla,
que mañana me despertara
en mi habitación junto a mi hermana;
pero no fue así: yo sentía el dolor,
sentía el fuego que me alcanzaba;
cuantas más sirenas escuchaba
menos fuerzas me quedaban.
Me estaba asfixiando
y el fuego se apoderaba de mi cuerpo:
oía a mucha gente gritar,
escuchaba muchísimas sirenas
supongo que para venirme a rescatar.
El ruido empezó a disminuir: no oía las sirenas,
apenas oía a la gente gritar,
tampoco oía el fuego quemando la madera.
La habitación empezó a oscurecer; yo lo sabía:
me estaba muriendo junto a un silencio,

un miedo y una oscuridad.
Logré abrir los ojos, nunca supe cómo:
me encontré en el hospital
enchufada a cables y rodeada de gente
que lloraba desesperada, que lloraba
de felicidad al verme despertar.
Decían ser mi familia:
yo no los recordaba.

OLVÍDATE

Mírame a los ojos,
dime qué es lo que sientes.

Mírame tú a los ojos
y dime quién soy.

Observa mi rostro
y envuélvete en él.

Entra en mi corazón
y quítame este ardor.

Contempla mi sonrisa
y sabrás quién eres.

No siento nada
y no puedo mirarte.

Entra tú en el mío
y sácate de mi corazón.

Ya no sé quién eres
y tú no sabes quién soy.

SIN SENTIMIENTOS

Esperaba a la persona que amé toda la vida
nerviosa e intrigada sin razones;
los segundos eran incontables.
Cuando llegó me pare a pensar:
¡tampoco era para tanto!
En mis manos estuvo su amor
y en el aire se quedó todo.
Temía a sentimientos que no llegaron
y me despedí con un apretón de manos.

REFLEXIÓN N.º 1

Cuando caen las estrellas se levanta el sol,
cuando cae el sol brillan las estrellas:
de día sé un luchador
y de noche observa tu resplandor.

REFLEXIÓN N.º 2

Que no se te detenga el tiempo
a unos metros de alcanzar tu sueño.

LA OBSESIÓN

Las uvas eran su dulce obsesión:
se metía en los campos de cultivo
y las cogía con rapidez y prestación;
en Nochebuena comía y comía
sin prestarle a las doce campanadas atención.

Era una dulce chica, preciosa: era mi amor;
le entregué mi vida, la felicidad y mi corazón.
Pensábamos que era feliz, pero a todos engañó:
era mi princesa reservada, todo se lo callaba;
vivía su vida increíblemente feliz y sin dolor.

A todas horas y en todas las épocas del año
nos pedía que le trajéramos su gran obsesión:
comía y comía saboreando su dulce o amargo sabor.
Comía con la sensación de nunca volverlas a probar
o tal vez que se acabaran y no volverlas a saborear.

A nosotros no nos engañaba, algo iba mal:
se iba marchitando cada día un poquito más.
Se engañaba y seguía con la falsa felicidad:
le quedaban pocos días, yo lo sabía y todos los demás.
La enfermedad empeoró e ingresó en el hospital.

Se negó a recuperarse, negó la enfermedad,
disminuyó esa gran y falsa felicidad.
Menos días, menos horas: se iba mi princesa;

me abandonaba y me dejaba solo.
Yo la amaba. No se recuperó
y me dejó solo. ¡Me abandonó!

VERDAD N.º 2

Hoy es uno de esos días
en el que me he levantado
y ya no quería vivir.

REFLEXIÓN N.º 3

Sentados en la misma mesa,
sintiéndonos desconocidos.

FELICIDADES

Eres de esas personas que llega
a la vida de otros de pura casualidad:
llegaste a la mía para hacerme sonreír,
para aconsejarme, para gritarme
si hace falta; pero hoy me toca a mí.
Hoy me toca apoyarte
y hacerte sonreír más que nunca.
Hoy te haces mayor,
hoy eres el centro de atención;
hoy estás en muchos corazones,
hoy te deseo lo mejor.
Siempre me tendrás a tu lado,
pero hoy disfruta como una niña:
muchísimas felicidades, mi linda.

ESPERÁNDOTE

Sigo aquí sentada
enfrente de nuestra playa,
esperándote desesperada
a que aparezcas como un náufrago
allá en el horizonte
con esos ojos verdes
y sonrisa radiante.

Sigo aquí sentada
enfrente de nuestra playa,
esperándote desesperada
a que me protejas con tus brazos,
me beses el corazón
y me ilumines el alma.

Sigo aquí sentada,
esperándote desesperada
a que en prendas tu viaje
y regreses al lugar
donde me enseñaste
a amarte lentamente.

Seguiré aquí sentada
esperando tu llegada
enfrente de nuestra playa
hasta que la última estrella
se canse de iluminar la Tierra.

EL PORQUÉ

No sabemos el porqué de los errores que cometemos
y no nos damos cuenta hasta que caemos:
son tantas las preguntas que se hace el ser humano,
son tantos los porqués que cuestiona el hombre.
Hay tantos problemas sin resolver,
son variadas las soluciones que no logramos entender;
pero una cosa debemos saber:
la vida sigue a pesar de los tropiezos que suele haber.

REFLEXIÓN N.º 4

No debemos rendirnos ni siquiera frente a un muro,
no debemos arrodillarnos si no es frente a la muerte.

AMOR SECRETO

Cuántas veces he querido decirte que te amaba
y nunca lo escuchaste;
te seguí repetidas veces
y nunca mi presencia notaste;
cuántas veces te eché de menos
y jamás te lo dije;
te vi repetidas veces
y nunca llegaste a verme.
Nuestras miradas se cruzaban
y jamás me saludaste ni te saludé.
Siempre te necesité a mi lado
y jamás me obligué a tenerte.

MALDITO TREN

Lo quería tanto, lo era todo para mí;
de ser todo a ser nadie, a ser nada.
Se iba lejos para no volver,
se iba para siempre.

Hoy cogía aquel tren
y me dirigí hacia la estación,
repleta por la multitud.
Justo cuando llegué
se abrieron las puertas de un tren
y justo lo vi a él rodeado por tanta gente,
gente impaciente;
corrí como nunca había corrido antes,
lo agarré de la mano y lo saqué de allí.
Le grité que lo amaba,
le pedí que no se fuera,
le expliqué que no me dejara sola.
Me arrodillé cogiéndole la mano:
la soltó y salió corriendo.

Me observaba desde la ventanilla
mientras yo en el suelo sufría:
con lágrimas en sus ojos
y con los dedos de sus manos
formó un corazón;
con lágrimas en mis ojos
y con la mano en el corazón,
le dije adiós.

SOÑAR Y CORRER

Correr es el motivo para poderme levantar:
sufro y sudo todos los días al entrenar,
siento que me ahogo al expirar e inspirar.
Lo siento, corazón, pero no pienso frenar:
aquella es mi meta y no pienso abandonar.
Entreno y entreno para mi sueño alcanzar;
es lo único que me motiva al despertar:
ese es mi sueño y quiero que sea real.
Al llegar a la meta quiero llorar de felicidad,
quiero llegar hasta el final y mi sueño lograr.

LA ESPERANZA

Tuvo un accidente y
se le murieron las piernas:
deseó estar muerto que estar
en una silla de ruedas.
Piensa que se le acabó la vida;
yo le apoyo y le doy esperanzas
para que afronte ahora la nueva:
nadie se muere si no tiene piernas,
nadie se muere si no tiene brazos,
pero sí se morirá de la tristeza
si sigue con esta iniciativa.
Yo le pido que le sonría a la vida
y que le demuestre a todo el mundo
que él sí vale aún sentado sobre una silla.

LA NIÑA SUEÑA

De niña soñé con ser veterinaria,
de adolescente soñé con *mossa d'esquadra*,
pero ahora solo sueño una cosa: no caer en la desgracia;
de niña veía el mundo multicolor,
de adolescente lo veía en gris y negro,
pero ahora está todo completamente en blanco.
De niña lo tenía todo, completamente todo;
pero ahora se convirtió en nada;
de niña era completamente feliz,
ahora la tristeza y el odio se apoderaron de mí;
de niña era una triste inocente,
pero ahora soy una rebelde adolescente;
de niña no comprendía nada,
se reían de mi cara,
pero ahora soy una joven malcriada;
de niña la vida me dio muchas oportunidades,
pero ahora solo me da decepciones.
Antes no valoraba la amistad,
pero ahora me moriría si a mis amigas
les pasará alguna crueldad.
Antes no sabía lo que era el amor,
pero ahora un hombre me lo hizo comprender todo.
Antes me importaba mucho la vida,
pero ahora no me importa nada;
antes lo tenía todo, pero ahora ya nada;
antes quería seguir viviendo,
pero ahora para mí vivir no tiene sentido.

Una vida injusta es la que estoy viviendo,
pero una vida llena de dolor no la paso por alto:
prefiero verme bajo tierra,
que seguir con este sufrimiento.

REFLEXIÓN N.º 5

Las lágrimas:
el símbolo de nuestra
felicidad y tristeza.

REFLEXIÓN N.º 6

Tu corazón mantenlo cerrado
para la mujer o el hombre adecuado.

YA ME VOY YO

Tenía algo muy importante que decirme:
no quería llamarme ni tampoco escribirme.
Quería verme, hablarme y afrontarme,
le dije que me lo dijera, que no se callara;
le pedí que no me dejara con esta angustia.
Pensé mil y una cosas, me dejó desesperada.
Me cito en las vías de la estación del tren:
cuando llegué enfrente de mí estaba él,
pero nos separaban dos vías y un «prohibido seguir».
Me gritó desde el fondo lo mucho que me quería;
siguió gritando que el amor no era tan bonito
y me pidió perdón arrodillado sobre el asfalto.
No supe qué decir: sorprendida yo también caí.
Después de un largo llanto, se decidió a hablar:
con todas sus fuerzas y todas las lágrimas,
grito que se iba para no volver jamás.
Cuando lo escuché me bajaron dos lágrimas
que me limpié con toda agresividad:
me negué a perderlo y decidí cruzar.
Gritó mi nombre lo más fuerte que pudo:
sentí mi corazón partiéndose en mil pedazos;
me cayeron dos lágrimas sin saber por qué.
De fondo lo escuchaba a él, que me decía
que no me fuera para jamás volver.
Demasiado tarde cayeron dos lágrimas más,
despidiéndome de él y cerrando mi corazón
para siempre jamás.

¿Y MI CARTA?

Escribí una carta
y escupí todos mis sueños en ella;
se la entregué a un buen amigo
pidiéndole que algún día,
no muy lejano, me buscara
y me la devolviera.
Nunca más la volví a ver ni a leer,
tampoco volví a saber sobre él.
Desapareció junto con mi carta,
se llevó con él mis sueños y metas;
aun así, luché para conseguir
lo que un día en ella escribí.

Al cabo de unos cuantos años,
junto a mis hijos y mis nietos,
apareció el que era mi gran amigo:
sacó delicadamente de su bolsillo
una antigua carta y me la entregó;
cuando estuve a punto de abrirla,
mi doctor nos interrumpió.
Pedí que rápido me la leyeran
porque era la hora de volar;
lloraba de felicidad mientras el doctor
ponía punto y final a mi vida.
Cumplí cada sueño y cada meta,
dormía eternamente satisfecha.

VERDADERA ILUSIÓN

Caminaba sin pensar que caminando te iba a encontrar,
me di la vuelta para ver y a ti te vi;
me volví a girar y caminando seguí.
Fuertemente gritaste y me cogiste de la mano;
abrazándome a tu cuerpo me pediste
que no te soltara jamás.
Te prometí y me prometiste
amarnos toda nuestra vida,
me regalaste un anillo en símbolo de tu amor:
arrodillándote ante mí, me pediste que fuera
la compañera de todos tus días.
Acepté teniendo miedo a que fuera todo una ilusión,
pero pasaban los años y seguía ilusionada,
y con los nietos en nuestras manos
comprendí que no era una ilusión,
simplemente un verdadero amor.

WIDAD

Tumbadas sobre las hojas amarillas
del otoño contemplando el cielo,
recordando los buenos momentos.
De tanto amor que había entre ellas,
las tres amigas, se juraron amistad eterna.
Nunca mentirse, nunca engañarse;
ser siempre fieles hasta la muerte,
en la infancia, la juventud y en la vejez
hasta que la muerte las separe.

LA ORILLA DEL MAR

Caminando por la orilla del mar,
viendo cómo el sol se ponía,
cómo el cielo de repente oscurecía,
con la cabeza recta y la mirada atenta,
lo veía todo, pero no veía nada.
Caminando se sentía sola
y sola caminando estaba,
sus huellas dejaba al andar
y tan suave pisaba sin mirar atrás.
Su pelo se lo llevaba el viento,
su rostro tan inocente y tan bello.
Buscaba algo que no lograba encontrar:
estaba perdida entre la arena y el mar.

REFLEXIÓN N.º 7

Hay veces que decir la verdad
no te ayuda nada,
hay veces que callar
es la mejor respuesta,
hay veces que sonreír
es la mejor solución;
la mayoría de las veces las lágrimas
son la mejor explicación.

DEJADME

Dejadme llorar, desahogarme en este mar:
estoy completamente harta de tanto luchar.
Dejadme bajar hasta el fondo del mar
a ese paraíso para nunca regresar,
dejadme ir y de este mundo escapar:
estoy harta de sufrir, llorar y luchar.
Dejadme huir del mundo que no va a acabar:
quiero morir y mi corazón arrancar.

ASCO DE GENTE

Cansada de aquel amante
que se enamora y no te deja en paz;
cansada de aquel marido,
el que te deja y por las noches se va;
cansada de la típica madre,
«hazme caso, ven aquí» y ves hacia allá;
cansada de aquellas amigas
que no te saben y consejos no te dan.
Cansada de esta vida,
que yo sola ya no puedo controlar,
me encantaría dormir profundamente
y jamás despertar.

CHARMILA

Hay un pequeño problema,
algo que nos separa:
a pesar de la distancia,
yo no pierdo la esperanza;
a pesar de los kilómetros, te espero;
yo te quiero.
Hay tantas cosas que me encantaría decirte a la cara:
cómo me gustaría despertar
y ver que estás al otro lado de la cama.
Pero no perdamos la esperanza:
confía en mí, te quiero,
confía en nuestro amor sincero.
Confiemos en que el destino
nos vuelva a unir de nuevo.

UNA MIRADA

Sentada bajo la sombra del árbol,
lo miraba con tanta atención,
observaba cada paso y cada error.
Me negaba a dejarlo de observar,
no me resignaba a dejarlo escapar.
Me gustaba, me encantaba su ser:
lo quería para mí, no lo quería perder;
me ha dejado perdidamente enamorada
su cuerpo, su fuerza y su madurez.
Sigo aún aquí sentada esperando
que me mire por una vez.

Al fin se dio cuenta de que lo observaba,
se fijó: ni una sonrisa ni una sola palabra
ni un adiós ni siquiera me dirigió.

Estuve todo el día y toda la noche bajo ese árbol
hasta que regresó otra vez:
se sorprendió, se fijó y a mí se dirigió;
giré la cara, lo ignoré y me levanté
sin decir adiós.

TE ENAMORÉ

Te enamoré y soy culpable,
te dejé y el corazón me duele.

Hoy grabaré en tu mente mi voz
para que la escuches todas las noches,
te diré lo mucho que te amo
hasta el último momento en que ese tren arranque.
Te lo seguiré escribiendo todos los días
para que no dudes de este amor,
intentaré besarte esta noche
lo máximo que pueda
para que no me eches de menos
en esas noches de luna llena.

Te enamoré y soy culpable,
te dejé y el corazón me duele.

Esta noche no quiero verte llorar:
yo me voy, pero voy a regresar.
Mañana cuando coja ese tren
quiero ver a la misma persona
que me enamoró la primera vez;
quiero ver y sentir tu sonrisa,
no quiero ver una lágrima.

Te enamoré y soy culpable,
te dejé y el corazón me duele.

Me voy mañana para regresar;
el amor a distancia es de valientes.
No te culpes, yo soy la culpable.
No temas por mí, no voy a olvidarte;
prometo no dejarte de amar.
No tienes por qué llorar mañana:
tus lágrimas me van a matar.
Sé fuerte y no me dejes de amar.

CUANDO ABRÍ LOS OJOS

Hoy cuando abrí los ojos
aún estabas dormido:
no fuiste a trabajar,
no te separaste de mi lado.

Hoy cuando abrí los ojos
tuve suficiente tiempo
para observarte de cerca:
aquellas preciosas arrugas
que tú llamas defectos.

Hoy cuando abrí los ojos
te seguía amando
como siempre te he amado;
a pesar del tiempo,
mi corazón por ti seguía latiendo.

Hoy cuando abrí los ojos
tenía al hombre que amé
desde el primer momento
durmiendo sobre mi pecho.

Hoy cuando abrí los ojos
tenía a mis hijos durmiendo,
a mis queridos niños,
en la habitación de al lado.

Hoy cuando abrí los ojos
fui feliz un día más:
me sentía la mujer
más afortunada del mundo.

LA GUERRA DE TODOS

No estamos en guerra, no hay misiles volando,
pero hay gente en la calle y niños llorando.
Los jóvenes huyen a otros países
para buscar trabajo y poder sobrevivir,
los padres indignados sufren todos los días
para su familia mantener
y los niños fingen estar sin hambre
para no ver a sus padres sufrir.
Salgo a la calle y gente que no conozco me estrecha la mano,
pero no para saludarme, sino para pedirme dinero.
Es una vergüenza ver cómo niños y padres
duermen en portales porque algún banco
lleno de dinero les arrebató lo que era su derecho;
vergüenza me daría arrebatarle el hogar a toda una familia
simplemente para tener una casa vacía.
No nos equivoquemos culpando
a los inmigrantes de lo que sucede,
porque aquellos jóvenes que huyeron
a otros países para buscar trabajo y sobrevivir
se han convertido allá en inmigrantes.
Nadie los discrimina, nadie los culpa,
¡nadie! ¡Solo se compadecen!
No estoy culpando a nadie: no busco culpables,
pero sí personas honradas con ganas de cambiar el mundo,
personas que vivieron de primera mano la pobreza,
personas con mucho dinero y con ganas de avanzar,
personas con proyectos para hacer sonreír a un niño;

simplemente busco a personas con un corazón capaz
de parar esta guerra en la que estamos
donde no hay misiles volando,
pero hay gente en la calle y niños llorando.

MIRÉ AL CIELO Y SUPE

Esta mañana miré al cielo y supe
que tendríamos un día gris,
que el sol hoy no se asomaría,
que las nubes con lluvia amenazarían
y que los árboles se tambalearían sin fin.

Esta tarde miré al cielo y supe
que las nubes se estaban desahogando,
que el viento cabreado estaba
y el sol entre las nubes no se asomaba.

Esta noche miré al cielo y supe
que hoy no saldría la luna,
que tampoco habría estrellas
que iluminen el cielo oscuro.

Esta madrugada miré al cielo:
me levanté expresamente para ver
el brillante amanecer,
pero el sol entre las nubes
se resignaba a aparecer.

Esta mañana miré al cielo y supe
que nos anunciaba que el frío invierno
estaba al caer.
Me di cuenta por fin
del porqué de los días grises,

de por qué el sol se resignaba a salir.
Ahora entiendo al cabreado viento,
ahora entiendo el llanto de las nubes sin fin.

EL RACISMO

Todos somos hermanos:
yo soy negro y tú eres blanco;
tú tienes alma y corazón,
y yo también los tengo.

No me separes por colores,
no me juzgues por lo que soy:
tú eres blanco y yo soy negro,
todos hijos del mismo dios.

No vine al mundo para fastidiar
ni mucho menos para amargar:
yo soy negro y tú eres blanco;
a mis hijos no hagas llorar.

Vivamos juntos en armonía,
en paz y en tranquilidad.
No saques tu arma blanca
y yo no sacaré mi arsenal.

Tú eres blanco y yo soy negro:
conóceme antes de juzgar.

TE VAS

¿Cómo borrarte de mi cabeza?
Has escrito una inolvidable historia;
no podré sacarte de mi corazón
porque mi alma está en contra.
Te vas hoy y no volverás mañana.

¿Cómo olvidar tu bonita sonrisa?
Nunca olvidaré tu loca risa;
no podré olvidar tu cara al despertar,
no quiero dejarte de amar.
Te vas hoy y no volverás jamás.

¿Cómo olvidar nuestro atardecer?
Tardes y tardes frente al mar
amándonos cada día un poco más;
sabes que vivo a un metro de la playa.
Te vas hoy y no volverás mañana.

¿Cómo olvidar nuestra historia?
Las calles del pueblo la llevan tatuada,
la gente se la sabe de memoria
y yo no la quiero olvidar.
Te vas hoy, pero regresa mañana.

MOUMEN

Mis palabras fastidiaron
nuestra increíble amistad:
te hice daño sin saber
que daño te iba a causar.
Te ignoré durante días,
no te supe explicar:
el perdón ya no sirvió
para el daño reparar.
Te rompí el corazón,
fastidié nuestra amistad;
estoy sola frente al mar,
gritándole a los vientos
que añoro tu amistad.
Te hice daño sin saber
que daño te iba a causar:
espero que algún día
me puedas perdonar.
No quise hacerte daño,
no te supe valorar.
Espero que me perdones.
No te olvidaré jamás.

GUERRERO A LA FUERZA

A día de hoy recuerdo
los mortales fuegos artificiales,
recuerdo los gritos
de desesperación de las mujeres,
aún recuerdo que mi padre me dijo
que llorar ya no era de débiles.
Aprendí que no solo los hombres luchaban,
que también lo hacían las mujeres;
aprendí a no confiar en nadie,
aprendí a observar detalladamente,
aprendí a coger un arma
e incluso disparé a un hombre.
Con tan solo siete años aprendí a escalar murallas,
a agarrarme fuerte a una valla;
por hambre y frío supliqué a desconocidos.
Estuve días enteros
durmiendo sobre un suelo frío;
caminé como si preparase un maratón.
Lloré junto a mis padres
lo que jamás antes habíamos llorado:
mi padre arriesgó nuestras vidas.
Yo no sabía nadar;
iba desapareciendo la costa
y nos encontrábamos rodeados de mar.
Aún recuerdo que con esfuerzo y sufrimiento
a la costa europea conseguimos llegar.
Nos encontrábamos en un país desconocido

donde algunos se compadecían,
unos nos temían y otros nos miraban
con desprecio y maldad.
No había misiles volando,
tampoco falsas nubes apoderadas del cielo;
pero yo seguía suplicando a los desconocidos.
Aún sigo durmiendo sobre un suelo frío
y aún escucho llorar a mis padres
de puro sufrimiento.
A día de hoy con tan solo ocho años
he vivido lo que jamás vivirá un niño europeo:
nos han engañado, sigo sufriendo;
nos han dado una manzana
brillante por fuera y podrida por dentro.
Somos seres humanos:
tú tienes corazón y yo también lo tengo.
No me desprecies, no me tengas miedo;
yo solo quiero seguir viviendo.

CREÍAMOS

Nos volvimos a encontrar después de tanto tiempo:
te sigo amando como siempre te he amado.
Cuando te fuiste, mi corazón te olvidó
como si nunca te hubiera conocido.
Hemos estado mucho tiempo amándonos en silencio:
yo creía y tú creías que solo era un pasatiempo,
pero hoy que te veo y estás aquí a mi lado
mi corazón te recuerda como
si nunca te hubiera olvidado.
Siempre tuve la esperanza,
siempre tuve ese presentimiento,
de que algún día no muy lejano
nos volveríamos a encontrar de nuevo.
Yo creía y tú creías que solo era un pasatiempo
y así hemos estado: años amándonos en silencio.
Junto a este mar te juro amor eterno:
no volveré a dejarte ni siquiera en mis sueños.
Yo creía y tú creías, pero hasta aquí hemos llegado:
hoy es nuestro día y no pienso olvidarlo.
Yo creía y tú creías que solo era un pasatiempo,
pero hoy acepto ser tu esposa,
la compañera de tus sueños.

LO SIENTO

No niego que lo eres todo para mí:
admito que siento algo muy fuerte por ti.
Siento que mi corazón late por tu existir,
pero lo siento mucho: no puedo seguir así.
Te he hecho daño, sé que te he hecho sufrir;
yo pertenezco a otro, pero no a ti.
Perdón por quererte, pero así no puedo seguir:
él llegó antes y decidí que con él quiero vivir.
Sufro tanto como tú, pero se lo prometí.
Espero que algún día olvides mi sonreír;
ojalá encuentres a alguien que te haga feliz.

VERDAD N.º 3

Ella te ama con todas sus fuerzas.
Yo daría mi vida por ella.
Ella te espera todos los días.
Pero yo no puedo verla.
Ella por ti olvidó quién era.
Mi orgullo me impide estar con ella.

Él por ti daría la vida.
Yo ya por él no espero nada.

VERDAD N.º 4

Mientras él hace su vida
y dice no quererte,
su corazón se parte pensándote
todas las noches.

REFLEXIÓN N.º 8

Tu orgullo te destruye:
nunca le dirás que la amas;
la verás como una amiga
sabiendo que ella también te ama.

VERDAD N.º 5

Solo tú conoces el límite
de tu cuerpo, tu mente y tu corazón.
No dejes que nadie te limite
porque nadie te conoce realmente,
incluso a veces ni tú conoces tus límites.

REFLEXIÓN N.º 9

Aunque mía
no seas toda,
te cuidaré desde la lejanía
toda la vida.

VERDAD N.º 6

Aunque te odio ahora mismo,
no niego que pasé bonitos momentos.
Aunque te odiaré a lo largo del tiempo,
siempre sonreiré por tus recuerdos.
Aunque te odio y me hiciste daño,
yo te amé por algún momento.

LOCA

Te volviste loca
por aquel niño
que ya no es nada.
Te volviste loca
por aquel joven
que se fue con otra.
Te volviste loca
por aquel hombre
que casado estaba
y de ti solo abusaba.
Te volviste loca
llamándote gorda,
cometiendo errores
o llorando desconsolada.
Te volviste loca
cuando te partieron
el corazón en pedazos
y sola te pusiste a pegarlo.
Te volviste loca
cuando esa depresión
se apoderó de tu cuerpo,
pero tú sola pudiste arreglarlo.
Te volviste loca
enamorándote de todos,
te volviste tan loca
que aprendiste de ellos.
Tú, que estás loca

después de tantas locuras,
no dejes que te hagan más daño.

VETE Y VUELA

Vete y vuela alto,
coge ese tren,
pero no me olvides.
Vete, logra tu sueño,
no mires atrás,
no te frenes.
Vete y vuela alto,
no te detengas
ni por mí ni por nadie.
Vete, alcanza esa meta;
yo te seguiré amando.
Vete, no puedo pararte:
te seguiré esperando.
Vete, vuela muy alto,
y regresa a buscarme.

Vete al fin del mundo
y no pienses.

TRES NARICES

Me da las buenas noches
y después me pide que me quede:
jamás lo llegaré a entender.
Jamás adivinaré sus intenciones:
me sorprende cada día, y cada día
me enamora distintamente.
Es diferente a todos ellos,
llegado de otro planeta.
Me ama con todas sus fuerzas,
no soporta una lágrima mía.
Se disculpa de mil maneras,
aunque mía sea la culpa;
soy tan caprichosa que todo me cabrea
y soy yo la que perdona.
Pasa noches en vela
cuando me duermo y no le digo nada:
es incapaz de dormir
sin antes decir que me ama.

VERDAD N.º 7

Te necesito a mi lado,
sentirte cerca, abrazarte.

Te necesito a mi lado
para amarte y respetarte.

Te necesito a mi lado
antes de que lo nuestro
sea recuerdo del pasado.

TE ENGAÑÉ

Hoy quiero explicarte nuestra historia:
tú fuiste el protagonista en ella
y jamás supiste entenderla.
Hoy quiero confesarte
los secretos que escondía esta novela,
una novela dramática llena de mentiras,
con grandes engaños y falsas alegrías.
Hoy quiero explicarte que te engañé todos los días:
jamás te amé como tú me amabas
y no te correspondí como tú creías.
Hoy quiero confesarte
que jamás sentí placer cuando el amor me hacías
y cómo dolía fingir lo que no sentía;
todas las noches en casa me dejabas
y todas las mañanas despertaba en otras camas;
las buenas noches por teléfono escuchaba
y de fiesta hasta la madrugada estaba.
Llegué a pensar que tú me conocías,
pero bien doblada hasta el fondo te la metía.
Te perdono por la vez que me engañaste,
pero dudo mucho de que me perdones
por todos los engaños que hoy quiero confesarte.
Hoy quiero agradecerte el haberme engañado
porque estaba hasta los c******
de estar a tu lado[1].

---

1 Detalle de Widad Sebahi.

SEIS MESES DE CINCO AÑOS

Han sido seis meses
de los cuales hemos estado
juntos solo uno.
A pesar de la distancia
que nos separó,
he conseguido amarte como
si estuvieras a mi lado.
Han sido cinco años de amistad,
cinco años aprendiendo
a amarte en silencio;
pero pronto estarás a mi lado
y no te dejaré escapar.
Después de cinco años
en un invierno todos los días,
rompiste el hielo y cambiaste
mi vida a un verano
que no quiero que acabe jamás.
Aunque hoy no estés aquí,
cuento los días que faltan para
estar a tu lado y ser feliz.
Espero que este amor no tenga un fin
porque me quiero hacer vieja junto a ti.
Te amo con todas mis fuerzas
y quiero amarte hasta morir:
solo te pido que me cuides
y que no te vuelvas a ir.

FELICIDAD CUESTIONADA

Ella, en una silla de ruedas;
él, sentado sobre el muro:
los dos mirando el horizonte,
los dos observando el mar Mediterráneo.
Dicen que el amor puede con todo,
pero observándoles me pregunto
si algún día ella tuvo intención
de suicidarse o él de irse.
Él, sentado sobre el muro no muy elevado,
desviaba a veces la mirada para observarla
y besarla con los ojos:
me pregunto si será una carga para él;
pero esa mirada que la besa
sin que ella se dé cuenta,
demuestra que es el amor de su vida.
Desde ahí arriba se ve un puerto no muy grande,
pero solo para ricos;
un horizonte inalcanzable y un cielo no muy lejano.
Mantienen una conversación muy bonita
que ella sonríe en todo momento,
y él con gestos y caras
no para de sacarle sonrisas:
ayudándola a moverse, ayudándola a cambiarse,
ayudándola a llevar su vida.
No me la imagino, no lo quiero preguntar,
pero si son felices no necesitan
escuchar preguntas absurdas.

LA POBRE RICA

Es una habitación oscura, pálida y que desprende tristeza:
ya no se aprecia ni el brillo ni la alegría,
tampoco destacan los cuadros ni los libros sobre la mesilla.
Hay una cama enorme que seguro tiene más años que la pobre
señora
que duerme sobre ella.
Hay polvo por todas partes de hace meses o tal vez de hace años.
Los ventanales están abiertos:
la brisa del verano entra suavemente por ellos;
entre las cortinas, entran rayos de luz escasos,
apenas se aprecia la silueta de la señora.
Hay mucho ruido fuera: los motoristas aumentan, la calor
aprieta.
Ella se despierta, abre los ojos y observa;
me pregunto que estará observando…
porque no se aprecia nada en esa habitación apagada.
Intenta levantarse muy lentamente: le cuesta, le duele todo,
incluso el alma.
Se acerca a esas ventanas enormes, tapadas por
unas cortinas gruesas, muy caras.
Las abre con todas sus fuerzas; realmente parece que las acaricia.
Se puede apreciar la vista que hay: tiene la ciudad a sus pies,
tiene las vistas que mucha gente quisiera tener, gente que pagaría
millones
por estar ahí, por despertarse y ver el precioso paisaje.

Suspira con dolor, con tristeza; da media vuelta y deja a sus
espaldas
esa ciudad que tanto le dio y ahora le está quitando.
Lentamente se acerca a un espejo enorme, tan antiguo como ella
y precioso como el de los cuentos de hadas;
apenas puede mantenerse de pie frente a él, le tiembla todo el
cuerpo;
pero aguanta y observa esa cara lisa radiante que a tantos
hombres
cautivó y que ya no existe.
Sigue lisa con unas cuantas arrugas abundantes, que le desfiguran
el rostro
y que puede que la hagan más bella, pero ella se las toca
y llora de tristeza.
De esos ojos color miel, enormes como las naranjas que ponían
nervioso
a cualquiera, ya no queda nada:
su mirada es apagada, el color de sus ojos apenas se aprecia:
los párpados cayeron encima.
Se toca el cabello, un cabello que antes era suave y largo hasta las
caderas
y ahora es corto como el de un hombre y gris como la plata.
Se toca los pechos: están caídos, han pasado por ellos cuatro
hijos, hijos con nietos
que no conoce y que hace años desaparecieron.
Se toca la barriga, se levanta la camisa para ver si la cicatriz
de una cesárea mal hecha seguía ahí.
Los recuerdos le inundan la mente:

de repente, se ve en una cama de hospital dando a luz a dos
gemelos,
gemelos que ahora no sabe qué camino tomaron ni si siguen
iguales.
Se toca las caderas: sigue igual de delgada, las piernas aún le
tiemblan.
Llora desesperada.

Echa un último vistazo a todo ese cuerpo,
a todo ese rostro que apenas reconoce.
Con desprecio y tristeza a la vez, se da la vuelta,
abre la puerta y lentamente se dirige a la cocina.
Se planta enfrente de la nevera, se toca la barriga: está
hambrienta.
No se acuerda ni de cuándo fue su última comida,
tampoco sabe la hora en la que está:
no hay ningún reloj en todo este ático de ciento ochenta metros
cuadrados;
ha perdido la noción del tiempo, ya no existe el día D ni la hora
H.
Abre la nevera y se la encuentra vacía:
una simple naranja arrugada como ella
que ya no debe de tener ni sabor ni vitamina C.
Llora desconsolada.

Cierra esa nevera y vuelve otra vez a dejar a sus espaldas una
cocina
que toda mujer quisiera tener.
Cualquiera diría que era una mujer rica, una cocina abandonada

con una simple naranja allá en el corazón de la nevera.
Se dirige otra vez a esa habitación donde se respira polvo y
tristeza;
lentamente se acerca a la mesilla de noche al lado de esa cama
enorme,
antigua, pero realmente una obra de arte.
Abre muy despacio el cajón y saca un bote de pastillas
con envoltorio de color naranja.
«Dosis diaria dos», ponía en la etiqueta. Ella cogió y empezó a
tomar
una tras otra, una tras otra:
había veinte o treinta; he perdido la cuenta.
Sin un sorbo alguno de agua, se tumbó sonriendo en su cama.
Le vinieron a la mente los recuerdos de su niñez, los de su
juventud,
los de cuando conoció a su marido, a su difunto marido;
le volvieron a la mente los recuerdos de cuando lo perdió
en ese accidente donde ella salió con un simple cuello roto.
Los gritos de niños pequeños le hacen sonreír:
recuerdos de los cuatro partos le ponen la piel de gallina.
De tenerlo todo a tener nada, de cuatro hijos a sentirse sola.
Cerró los ojos para siempre del dolor que la asfixiaba.

La riqueza te destruye.

MI OBRA DE ARTE

Eres una auténtica obra de arte,
un arte perdido sin precio ni dueño.
Tu belleza hoy te ilumina perfectamente:
no hace falta estrella para alumbrarte.

Eres una auténtica obra de arte:
te pintaron con un fino pincel,
te crearon con verdadero amor.
Endeudado hasta el cuello estoy
con la mujer que te trajo al mundo.

Eres una auténtica obra de arte.
Hoy te observo muy de cerca:
tienes unas preciosas arrugas
y una piel elástica que enamora.
Hoy eres una verdadera mujer.

Eres una auténtica obra de arte:
tu pelo bonito ya no es castaño,
ya no se camufla con las hojas del otoño;
tu sonrisa radiante de primavera
seguro que a nadie más altera.

Eres una auténtica obra de arte:
tus labios hoy son más pequeños,
tu cuerpo tiene celos de mis besos,
tus párpados están marchitos,
sufrieron muchos inviernos.

Eres una auténtica obra de arte.
Hoy quiero observarte atentamente,
hoy tocarte me altera los sentidos.
Hoy prometo amarte para siempre,
hoy mi bella obra de arte se fue al cielo.

NUESTRA CIUDAD

Volví a esa ciudad donde fuimos tan felices;
volví hoy, pero sin ti.
Los recuerdos me inundan la mente,
los buenos momentos que viví,
de repente, me hacen sufrir.
Hoy no estás aquí.
Me engañé durante mucho tiempo:
hoy me di cuenta de que sin ti
no puedo vivir.
Aquí me despertabas a besos,
aquí me sentía asfixiada por tus abrazos:
hoy no los pude sentir.
Mi cama te echa de menos,
las sábanas no están desordenadas,
mi almohada no huele a ti,
mi habitación oscurece con tu ausencia:
hoy no podré dormir.

ELLA

Bajo el pino más alto de este parque
ella, una chica amable, con buenas intenciones,
solitaria a este mundo lleno de ilusiones,
sentada sobre un banco rodeado de un porqué,
un porqué que la atormenta todas las mañanas,
un porqué que no la deja vivir en tranquilidad,
el porqué de un futuro y el lamento de un pasado,
el pecado que la ahoga y en paz no la deja respirar;
rodeada de un mar artificial, lleno de mentiras y falsedad,
desea ser una brillante estrella fugaz:
verla por unos instantes y
desaparecer para siempre jamás.

LA CALLE

Salir de tu casa, andar y andar,
y no saber a dónde irás a parar.
Salgo con una única condición:
olvidarme de mi gran y peor amor.
Quién sabe, tal vez en la calle o en el bar de enfrente
encuentre el verdadero amor;
caminando por la acera, topándome con la gente,
cruzando la calle o saludando a los peatones.
Todo en esta vida puede ser, como enamorarte
de un ser sin dignidad.
Nunca digas que hasta aquí has llegado
porque te puede surgir otro camino
y por ese camino seguirás caminando.

PUEDES CONFIAR

Tú no confías plenamente en mí
y yo no sé cómo demostrarte que no es así.
Tu corazón no es receptor
y cada palabra que sale de tus labios
afecta a mi corazón.
Piensas que soy una cualquiera,
pero yo por ti daría mi vida entera;
quisiera demostrarte que te quiero,
pero tus dudas me ahogan en el intento.

SE FUE

Sentía mis lágrimas caer
sobre tu cama al amanecer,
veía tu cuerpo llevar
a un oscuro y feo lugar.
Rosas, lágrimas y personas
caían en ese funeral;
sufrimiento, rabia y culpabilidad,
hacían de ese cementerio
un lugar mortal.

ÉL

Recorrí kilómetros solo para verlo,
mentí a mi familia solo para estar con él.
Cogía esos trenes sin pensar en mí,
conocí a su familia y me hicieron feliz;
cogía ese tren solo para verlo a él:
no pensé en las consecuencias
y tampoco en un simple porqué.

NEGRO

Para él eres su mejor amiga
para siempre;
para los demás,
unos locos inseparables.
Para él, su compañera;
para tu corazón, un amor puro,
inalcanzable.
Te obligas a ti misma a llorar todos los días
por el miedo a decir la verdad
y que nunca te vuelva a hablar.
Te escondes en el lavabo,
lloras y lloras sin parar:
tienes miedo, mucho miedo;
callas toda la verdad.
¡Te resignas a tenerlo cerca,
a tener su amistad,
que a decirle que lo amas
y perderlo para siempre jamás!

BLANQUITO

En los ojos de los demás
era una simple buena amistad,
en el corazón de ellos dos
era un verdadero y gran amor.
Ella por miedo cayó la verdad,
él por orgullo no fue capaz
y en silencio se amaban cada vez más.
Año tras año seguían callando la verdad
y cada vez más el amor crecía en inmensidad.
Gracias al orgullo, al miedo y a la incapacidad,
ellos dos callaron para siempre jamás.

EL ORGULLO

A pesar de querernos tanto,
demasiado,
a pesar de todo lo que hemos vivido,
ya no estamos juntos:
gracias a los demás, a la distancia
y a tu orgullo.
Tú te has ido dejándome en el olvido;
sabes que me quieres,
admítelo.
Sabes que te quiero,
lo confieso;
aun sabiéndolo, te vas de mi lado,
te alejas:
huyes por miedo.

VERDAD N.º 8

Es tan orgulloso y a la vez tan tímido;
reservado, cariñoso y con miedo al amor.
No lucha, pero se nota:
me quiere, no habla y sufrir prefiere.

HOLA Y ADIÓS

Hice lo imposible para que me quisieras,
te entregué mi corazón para que lo cuidaras,
luché día y noche por nuestro amor,
te besaba y abrazaba con toda pasión,
te di mis manos para que te alzaras;
rechazaste todo con orgullo y dolor;
ignoras mi ayuda y te levantas
con el corazón partido en dos.
No me entregaste ni un poco de ternura:
me obligaste a olvidarte
en medio de esta tortura.

AMOR NO CORRESPONDIDO

Es tan doloroso no ser correspondido,
humillante querer y no ser querido,
amargo llorar todos esos largos días,
que complicado resulta vivir la vida.
Tan fácil y en poco tiempo te puedes enamorar,
pero difícil y largo es el camino de olvidar;
fácilmente te parten el corazón en dos:
es complicado que vuelvas a confiar en el amor.
Difícil es sonreír y poder olvidar;
tan fácil puede ser sufrir y llorar.

TÚ

Cada vez que sonríes,
sonríe mi alma;
cuando me hablas,
mis ojos se iluminan.
Yo sé que me quieres
y que me querrás toda la vida.
Hemos sufrido y aguantado,
hemos llorado y luchado
lo que jamás nadie se imagina.
Por fin lo hemos logrado,
por fin estamos juntos
y por fin mi corazón
late de alegría.

REFLEXIÓN N.º 10

Todos la conocen por la loca
que sonríe a todas horas,
que no tiene problemas
y que siempre es feliz;
lo que no entienden es
que la locura no es sinónima
de felicidad.

QUIERO MORIR

No estoy en un sueño profundo,
no estoy durmiendo: estoy escuchando.
No puedo levantarme ni moverme,
no pueden oírme ni despertarme:
no estoy muerta, solo en coma.
No pueden caer en la desgracia,
pero yo sí puedo caer en un mar de llamas.
Intentan, tienen fe, piden y lloran;
yo pido y quiero morir, porque sí:
no quiero sentir dolor,
¡no quiero!
Prefiero morir en coma
que despertar, sentir dolor, sufrir
y morir.

LA PROMESA

Prometiste que nunca me dejarías de amar;
cuando te cabreas sueles olvidar tus promesas.
Prometiste hacerme mujer y una bonita mamá;
te echo de menos días y días, porque no estás.
Prometiste hacerme tuya en la ciudad de los enamorados
y ahora solo saboreo tus labios sentados aquí al lado.
Te obligo a que seas el padre de mis hijos:
me prometiste envejecer junto a mí.
Prometiste tantas cosas que espero que puedas cumplir.
Te prometí que ibas a ser el hombre más feliz
porque te quiero a ti y contigo
quiero vivir.

VERANO AMOROSO

Nunca quise que se acabarán esos días de playa,
esas caricias nocturnas donde no me besabas;
mucho cariño me dabas.
Pasaron rápido esas dos semanas,
pero a tu lado encontré sentimientos que desconocía.
Eran noches de verano, pero frío de invierno tenía
cuando te separabas de mi lado;
en la playa de mí no te despegabas,
pero no fui capaz de besarte y hoy,
lejos de ti, me quedo con las ganas.
Pensé que sería una tontería, un simple amor de verano;
pero hoy, desde la lejanía, extraño tus abrazos.
No sé si podré aguantar sin ver esa mirada
que detrás de esas gafas todos los días me enamoraba.
Todas las noches quise besarte,
pero miedo me daba llegar a perderte.
Me quieres como siempre yo te he querido,
pero en esas dos semanas no entiendo
el porqué me conformé con tan solo dormir a tu lado,
agarrados de la mano.
Seguiré esperando el próximo encuentro:
espero que el verano siguiente aún me sigas amando.

INCAPAZ

Soy incapaz de verte así,
con esos ojos apagados,
esa cara triste y
esos suspiros sin fin.
No quiero hacerte daño,
pero sin querer te hago sufrir:
mi carácter y actitud
te están rompiendo por dentro.
No sé cómo pararlo,
no imagino una vida sin ti;
soy incapaz de verte así,
aguantando tanto dolor,
porque sin mí no puedes vivir.
Esos ojos que tanto brillaron por mí
hoy se están apagando
y no quiero que sea así:
esa sonrisa tuya que a la locura me llevaba,
está suplicando un cambio mío
para seguir junto a mí.

VERDAD N.º 9

Me acostumbré a serle infiel
porque por amor me perdonaba;
lo que no sabía él era que
una infidelidad no la perdono nunca.
Ahora se lamenta
todos los días.

MENTIROSA

Engañaste a tu mente
pensando que no lo querías,
ingenua mentirosa,
haciéndote creer
que por él nada sentías;
tonta mentirosa,
haciéndote creer
que ya no te importaba;
pero madrugadas enteras
llorabas sobre tu cama.
Mentirosa compulsiva,
intentaste engañar a tu corazón,
pero a cien por hora se ponía,
cuando veía a alguien
que a él se parecía.
Estúpida mentirosa,
no vuelvas a engañarnos:
si tú sufres por él
nosotros por ti sufriremos:
necesitamos verte feliz
y tú tenerlo a tu lado.
Estás hablando con tu mente,
razonando con tu subconsciente,
para llegar a la conclusión
de que él es tu verdadero amor.

VERDAD N.º 10

Por ti, mi amor,
daría la vida,
pero eso no significa
que tú me puedas matar.

VIEJA MAMÁ

Querida vieja, querida mamá,
quiero hacerte recordar que sola
ya nunca estarás.
Querida vieja, querida mamá,
me di cuenta de que fuiste
la única mujer que quise de verdad,
la única mujer que me curaba
cuando estaba en la cama,
la única que me levantaba
cuando me caí de cara,
la que me secaba las lágrimas
y a la que le contaba mis penas.
Querida vieja, querida mamá,
quiero darte las gracias
por haberme enseñado a amar
y sobre todo a valorar
el lindo corazón de una dama.

TE AMO, PERO LEJOS

Podré engañar a los demás,
pero jamás a mí misma.
Mi corazón te necesita
y me duele cuando no estás.

Te quiero y te amo también,
pero me niego a tenerte;
te alejé de mi lado
queriendo o sin querer,
no importa la cuestión.

Te quiero y te amo ahora.
Aunque le tema a la soledad,
prefiero enamorarme de ella
que estar juntos y hacerte llorar.
No quiero quedarme sola.

Te quiero y te amo de verdad,
aunque mi mirada sea gris,
y aunque de mi boca no lo escuches
ni mi corazón por ti sientas latir.
Gané la batalla: yo sabía mentir.

Te quiero y te amo también,
aunque ya no estemos juntos,
aunque ya no quiera verte
ni cuando de otra te enamores.

Te querré y te amaré siempre,
aunque la distancia sea eterna,
aunque tu corazón ya ni me recuerde
o tu amor pertenezca a otra.

REFLEXIÓN FINAL

Cambia tu vida y olvídate
de las normas globales:
tómate un café a altas horas de la noche,
ponte las gafas de sol,
aunque el sol no ilumine;
tomate un *gin-tonic* para empezar el día,
rompe la rutina cuando tu cuerpo te lo pida
o vete de viaje cuando la mente te lo exija;
si te apetece.